?!

Kinderfragen für Erstleser

UNSERE ERDE

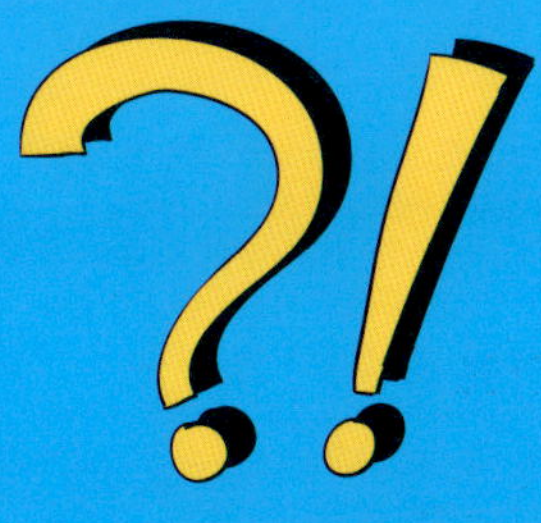

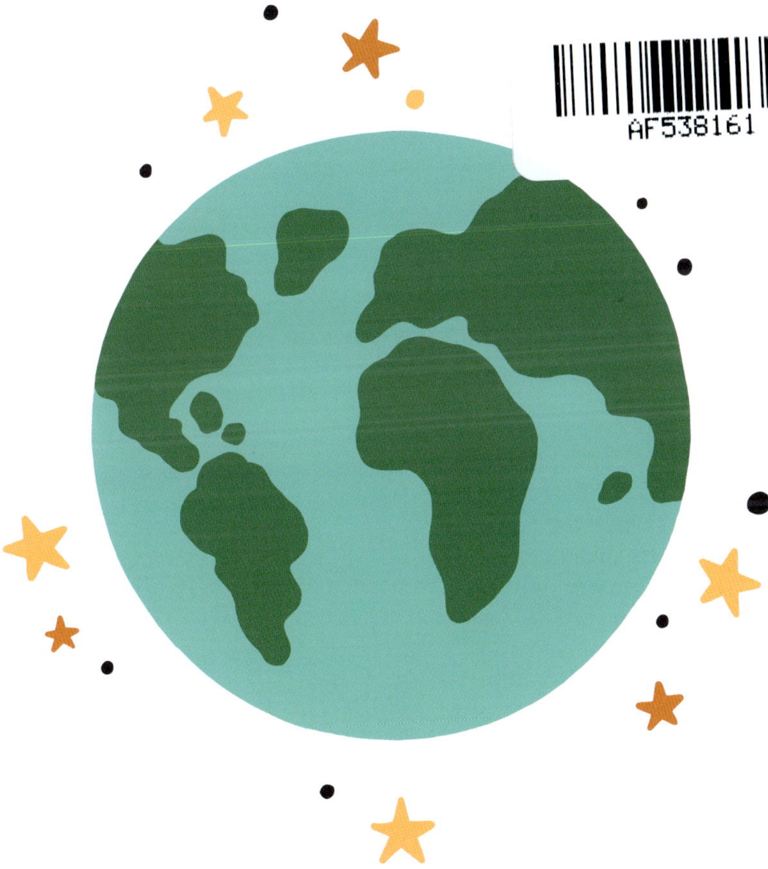

circon

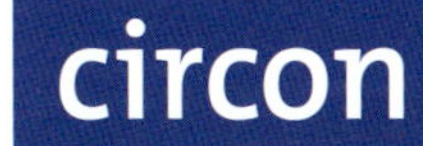

Bildnachweis:

www.shutterstock.com: S. 3: Devita ayu silvianingtyas (Satzzeichen), GoodStudio (Weltkugel), S. 4: NotionPic, S. 5: Hennadii H (Mann mit Kamel), peipeiro (Weltkugel), Roman Malanchuk (Italien), MaryDesy (Berge), StockSmartStart (Palmen), robuart (Inuit), kotoffei (Gewitterwolken), S. 6–13: peipeiro (Kolumnenbild), S. 6: Triff, S. 7: BlueOrange Studio, S. 8: Peter Hermes Furian, S. 9: Cautren Live, S. 10: slowmotiongli, S. 11: DOERS (Marianengraben) und T.W. van Urk (Salzgewinnung), S. 12: MimaCZ (Weltkugel), S. 12/13: asantosg (Weltkarte), S. 14: Devita ayu silvianingtyas (Satzzeichen), S. 15: vectorplus (Glühbirne), S. 16–23: Roman Malanchuk (Kolumnenbild), S. 16: Monika Hunackowa, S. 17: DRAndy, S. 18: Aerial-motion, S. 19: canadastock, S. 20: Pyty, S. 21: Osugi, S. 22/23: Kateryna Larina, S. 24: Devita ayu silvianingtyas (Satzzeichen), S. 25: vectorplus (Glühbirne), S. 26–31: MaryDesy (Kolumnenbild), S. 26: Vixit, S. 27: Kolonko, S. 28: Ivano de Santis, S. 29: Juan Carlos Munoz, S. 30: AlexAnton, S. 31: M. Schauer, S. 32: Devita ayu silvianingtyas (Satzzeichen), S. 33: vectorplus (Glühbirne), S. 34–43: StockSmartStart (Palmen), S. 34: Ricardo Reitmeyer, S. 35: kavram, S. 36: sparc, S. 37: Ralf Kleemann, S. 38: Andrzej Kubik (Regenwald) und Ondrej Prosicky (Papagei), S. 39: Charles Bergman, S. 40: Sebastian_Photography, S. 41: Conny Pakorny (Schwarzwald) und Sergii Figurnyi (Alpen), S. 42/43: AridOcean, S. 44: Devita ayu silvianingtyas (Satzzeichen), S. 45: vectorplus (Glühbirne), S. 46–51: robuart (Kolumnenbild), S. 46: melitas, S. 47: Larysa Dubinska, S. 48: Vadim_N, S. 49: yggdrasill, S. 50: paul prescott, S. 51: Hennadii H (Mann mit Pflug) und Gorodenkoff (Arbeiter vor Monitoren), S. 52: Devita ayu silvianingtyas (Satzzeichen), S. 53: vectorplus (Glühbirne), S. 54–61: kotoffei (Kolumnenbild), S. 54: Dreamlight-Pictures, S. 55: Yongkiet Jitwattanatam (Mond über Wasser) und Allexxandar (Mondsichel), S. 56/57: Sergey Merkulov, S. 58: Gorodenkoff, S. 59: Lee Yiu Tung, S. 60: bogdan ionescu, S. 61: Masha Basova, S. 62: Devita ayu silvianingtyas (Satzzeichen), S. 63: vectorplus (Glühbirne)

Baierbrunner Straße 27, 81379 München
Ausgabe 2023

Text: Christa Pöppelmann, Barbara Panckow
Redaktion: Astrid Kaufmann
Fachredaktion: Heidi Schooltink
Produktion: Ute Hausleiter
Abbildungen: siehe Bildnachweis oben
Titelabbildungen: www.shutterstock.com/xtock (Erde),
Devita ayu silvianingtyas (Satzzeichen),
Olga1818 (Mädchen mit Globus)
Gestaltung: FSM Premedia, Münster
Umschlaggestaltung: FSM Premedia, Münster

ISBN 978-3-8174-4341-3
381744341/1

Besuchen Sie uns auf Instagram und Facebook:
circonverlag

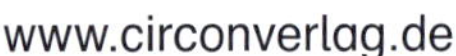
www.circonverlag.de

Vorwort

Du interessierst dich für die Landschaften der Erde und die Menschen, die dort leben? Möchtest du wissen, wieso es am Nordpol so kalt ist? Welches Land das kleinste der Welt ist? Und ob es auch in Deutschland Erdbeben geben kann? Hier werden diese und viele weitere Fragen beantwortet!

Und das Beste ist: Du kannst dabei das Lesen üben! Mit den Quizseiten testest du, ob du alles verstanden hast.

Viel Spaß beim Lesen und Rätseln!

Inhalt

Leben wir wirklich auf einer Kugel?

Ja, das tun wir. Die Erde ist eine Kugel, die im Weltraum schwebt. Sie umkreist dort die Sonne. Im Weltraum gibt es kein „unten“ und „oben“. Kein Mensch lebt also oben auf der Erdkugel und keiner unten. Wir alle werden durch die Schwerkraft auf der Erde festgehalten.

Hier schwebt die Erde im Weltraum – zusammen mit den Sternen und der Sonne.

Wie groß ist die Erde?

Die Erde hat an ihrer dicksten Stelle einen Umfang von 40 000 Kilometern. Wenn du genau an dieser Stelle rund um die Erde herumgehen würdest, müsstest du 40 000 Kilometer zurücklegen.

Natürlich ist die Erdkugel auch sehr schwer. Sie wiegt fast sechs Trilliarden Tonnen. Würdest du eine Trilliarde als Zahl schreiben, dann wäre das eine Eins mit 21 Nullen. Zum Vergleich: Eine Million ist eine Eins mit sechs Nullen.

Was sind Ozeane und wie viele gibt es?

Die großen Wassermassen zwischen den Kontinenten heißen Ozeane. Das sind die größten Meere, die es auf der Welt gibt. Man nennt sie auch Weltmeere.

Es gibt insgesamt fünf Ozeane: Der größte ist der Pazifische Ozean, der zwischen Asien und Amerika liegt. Der zweitgrößte ist der Atlantische Ozean. Er liegt zwischen Europa und Afrika auf der einen und Amerika auf der anderen Seite. Dann kommt der Indische Ozean zwischen Afrika, Asien und Australien.

Viel kleiner als diese drei ist der Südliche Ozean rund um das Festland der Antarktis beim Südpol. Der allerkleinste ist aber der Arktische Ozean ganz im Norden.

Gibt es mehr Land oder mehr Meer?

Es gibt mehr Meer. Die Wasserfläche auf der Erde ist mehr als doppelt so groß wie die Landfläche.

Was ist ein Kontinent?

Ein Kontinent ist eine große Landmasse, die aus dem Meer ragt. Die Kontinente sind untereinander meist nur wenig oder gar nicht verbunden.

Europa, wo du vermutlich lebst, ist ein ziemlich kleiner Kontinent. Nur Australien ist noch kleiner. Allerdings ist Europa viel dichter besiedelt als Australien und es besteht aus fast 50 verschiedenen Ländern.

Wie viele Kontinente gibt es?

Dazu gibt es unterschiedliche Meinungen. Meistens zählt man fünf Kontinente: Europa, Asien, Amerika, Afrika und Australien. Da aber Europa und Asien eng zusammenhängen, gibt es Fachleute, die diese Landmasse als einen Kontinent betrachten. Sie nennen ihn Eurasien.

Amerika dagegen kann man auch als zwei einzelne Kontinente ansehen: Nordamerika und Südamerika. Sie sind nämlich nur durch einen ganz schmalen Streifen Land verbunden.

Schließlich kann man auch die Antarktis rund um den Südpol als einen Kontinent betrachten. Dort wohnen allerdings kaum Menschen.

Was ist der Unterschied zwischen einem Kontinent und einer Insel?

Inseln sind viel kleiner als Kontinente. Die größte Insel ist Grönland. Der kleinste Kontinent ist Australien. Australien ist trotzdem mehr als dreimal so groß wie Grönland.

Warum gibt es am Nordpol keinen Kontinent?

Die Antarktis am Südpol gilt für manche Forscher als Kontinent, auch wenn dort kaum Menschen wohnen. Sie ist mit dickem Eis bedeckt.
Das Gebiet um den Nordpol sieht ähnlich aus: viel Eis, nur Tiere, kaum Menschen.

Wenn aber an beiden Stellen das gesamte Eis wegschmelzen würde, gäbe es doch einen Unterschied: Rund um den Nordpol bliebe dann nur Wasser übrig. Am Südpol dagegen liegt unter dem Eis Land verborgen. Deshalb kann man die Landmasse um den Südpol als Kontinent betrachten.

Es leben zwar kaum Menschen in der Antarktis, dafür umso mehr Pinguine.

Wie tief ist das Meer?

Das ist ganz unterschiedlich, je nachdem, wo man misst. Auch unter Wasser gibt es riesige Gebirge. Die tiefste Stelle ist der Marianengraben. Er liegt zwischen Japan und Australien und ist über 11 000 Meter tief. Der höchste Berg, der Mount Everest, ist dagegen nur 8848 Meter hoch.

Der Marianengraben ist eine sehr tiefe und schmale Schlucht unter Wasser.

Warum ist Meerwasser salzig?

Das Salz kommt aus den Steinen, die in den Flüssen liegen. Es wird vom vorbeifließenden Wasser herausgewaschen. Weil alle Flüsse zum Meer hin fließen, landet das ganze Salz irgendwann im Meer. So ist das Meerwasser mit der Zeit salzig geworden.

In diesen Salinen wird Meersalz gewonnen, mit dem wir unser Essen würzen können.

Wie bekommst du einen Überblick über alle Länder und Meere?

Da die Erde eine Kugel ist, kann man nie alle Länder und Meere gleichzeitig sehen. Die Hälfte von ihnen ist immer auf der Rückseite versteckt.

Willst du einen Überblick bekommen, musst du einen Globus verwenden. Ihn kannst du drehen und so die verborgenen Teile sichtbar machen.

Oder du betrachtest eine Karte, auf der die Erde wie ausgerollt dargestellt ist. Dann siehst du alle Länder und Meere auf einen Blick. Aber das ist natürlich nur ein Modell und entspricht nicht der Wirklichkeit.

Wissensquiz

Was fehlt hier? Setze die richtigen Wörter und Zahlen ein.

Der Umfang der Erde beträgt ______________ Kilometer. Große Teile der Erde sind von ____________________ bedeckt. Es gibt zum Beispiel den Atlantischen, den Pazifischen und den Indischen ________________. Zwischen den Ozeanen liegen die ________________. Der Kontinent, zu dem Deutschland gehört, heißt _______________. Er ist recht klein, aber ____________________ ist noch kleiner.

40 000

Ozean

Kontinente

Australien

Europa

Wasser

Teste dein Wissen! Kreuze das richtige Kästchen an.

1. Welche Form hat die Erde?

a) Sie ist ein Kreis. ☐

b) Sie ist ein Würfel. ☐

c) Sie ist eine Kugel. ☐

2. Was ist ein Kontinent?

a) Das ist ein Land in Asien. ☐

b) Das ist ein Erdteil. ☐

c) Das ist ein besonders hoher Berg. ☐

3. Wo liegt der Marianengraben?

a) Er liegt auf dem Mond. ☐

b) Er liegt im Himalayagebirge. ☐

c) Er liegt im Meer. ☐

4. Wenn am Nordpol das Eis schmelzen würde, was käme dann zum Vorschein?

a) ein versunkener Kontinent ☐

b) eine Schatzhöhle ☐

c) nur Wasser ☐

Lösungen: 40 000, Wasser, Ozean, Kontinente, Europa, Australien
1. c), 2. b), 3. c), 4. c)

Wie viele Länder gibt es auf der Erde?

Zurzeit gibt es 195 Länder auf der Erde. Das kann sich aber auch ändern. Manchmal schließen sich nämlich zwei Länder zusammen. Das ist zum Beispiel im Jahr 1990 in Deutschland passiert. Vorher gab es Ostdeutschland und Westdeutschland. Heute gibt es nur noch ein Deutschland.

Es kann auch geschehen, dass sich ein Land teilt. So sind 1992 aus der Tschechoslowakei die Länder Tschechien und Slowakei geworden.

Welches Land ist das größte auf der Welt?

Das größte Land auf der Welt ist Russland. Es ist über 17 Millionen Quadratkilometer groß.
Zum Vergleich: Die nächstgrößeren Länder sind Kanada, die USA und China. Jedes von ihnen ist weniger als 10 Millionen Quadratkilometer groß.

Und wie groß ist Deutschland? Deutschland ist mit etwa 350 000 Quadratkilometern viel kleiner. In Russland würde Deutschland etwa 50-mal hineinpassen.

In welchem Land leben die meisten Menschen?

Die meisten Menschen leben in China und Indien. Insgesamt leben etwa acht Milliarden Menschen auf der Erde. Fast drei Milliarden davon sind entweder Inder oder Chinesen.

Welches Land ist das kleinste der Welt?

Das kleinste Land der Welt ist der Vatikanstaat. Dort lebt der Papst. Der Vatikanstaat ist nicht einmal einen halben Quadratkilometer groß.

Der Mittelpunkt des Vatikanstaats ist der Petersdom mit dem Petersplatz.

Eigentlich ist der Vatikanstaat nur ein Teil der Stadt Rom in Italien. Trotzdem gilt er als eigenes Land. Fast genauso klein sind die Staaten Monaco in Frankreich und San Marino in Italien.

Warum haben Länder eine Flagge?

Jedes Land hat eine eigene Flagge. Man nennt sie auch Nationalflagge. Sie ist ein Zeichen für die Selbstständigkeit, die Unabhängigkeit und die Einheit eines Landes. Sie gibt den Einwohnern das Gefühl, zusammenzugehören.

Wie sieht die deutsche Flagge aus?

Die deutsche Flagge ist oben schwarz, in der Mitte rot und unten golden. Im Mittelalter und in der frühen Neuzeit gab es noch keinen deutschen Staat. Aber die Farben Schwarz, Rot, Gold wurden auch damals schon in vielen Gebieten verwendet, in denen man heute Deutsch spricht.

Die deutsche Flagge vor und auf dem Reichstagsgebäude. Dort finden heute die Sitzungen des Deutschen Bundestags statt.

Als dann im 19. Jahrhundert zum ersten Mal ein deutscher Staat gegründet wurde, verwendete man wieder diese Farben. Zum Beispiel waren sie auf den Uniformen der Soldaten, die für die deutsche Einheit und Unabhängigkeit gekämpft hatten.

Welche Länder sind Deutschlands Nachbarn?

Deutschland hat sehr viele Nachbarn, da es in der Mitte Europas liegt. Es sind genau neun Stück:

Deutschland und seine Nachbarn

Im Norden grenzt Dänemark an Deutschland, im Osten sind es Polen und Tschechien, im Süden Österreich und die Schweiz, im Westen Frankreich, Luxemburg, Belgien und die Niederlande.

Leben in Deutschland viele Menschen?

Deutschland ist zwar nur 350 000 Quadratkilometer groß. Das ist Platz 62 unter den Ländern der Erde. Aber Deutschland hat etwa 83 Millionen Einwohner.

Das heißt, in dem nur mittelgroßen Land leben recht viele Menschen. Deutschland gehört zu den dicht besiedelten Ländern der Welt. In Europa ist es das Land mit den meisten Einwohnern.

Wer passt auf, dass nicht ein Land alle anderen erobert?

Früher gab es häufig Kriege, weil ein Land ein anderes erobern wollte. Um das zu verhindern, hat man die Vereinten Nationen gegründet. Abgekürzt heißt die Organisation UNO, von der englischen Bezeichnung United Nations Organisation.

Die UNO ist eine Organisation von Staaten, die vereinbart haben, friedlich zusammenzuleben, die Menschenrechte zu schützen und Probleme gemeinsam zu lösen.

Hauptsitz der UNO in New York City.

Nach dem Zweiten Weltkrieg 1945 hatten sich 50 Länder auf diese Ziele geeinigt, heute sind es fast alle Länder der Erde, nämlich 193.

Trotzdem kommt es immer wieder vor, dass Länder ihre eigenen Ziele über die Ziele der UNO stellen. Und so gibt es leider auch heute noch zahlreiche Kriege auf der Welt.

Weißt du, zu welchen Ländern diese Flaggen gehören?

Kanada

Japan

Israel

Brasilien

Frankreich

Spanien

Deutschland

Schweiz

Dänemark

Bulgarien

Österreich

Tschechien

Norwegen

Russland
China
Großbritannien
Indien
Mexiko
USA
Italien
Irland
Belgien
Island
Finnland
Rumänien
Slowenien
Polen

Wissensquiz

Was fehlt hier? Setze die richtigen Wörter ein.

Das größte Land der Welt ist ________________.

Die meisten Menschen leben in ________________ und ________________. Jedes Land hat eine eigene ________________, an der man es gut erkennt.

Die Farben der deutschen Flagge sind Schwarz, Rot und ________________. Fast alle Länder sind heute Mitglieder der Vereinten Nationen, deren Ziel es ist, den ________________ zu sichern.

China | Frieden | Russland | Flagge | Gold | Indien

Teste dein Wissen! Kreuze das richtige Kästchen an.

1. Wie heißt das kleinste Land der Welt?

a) Vatikanstaat ☐

b) Wattestaat ☐

c) Muttikanstaat ☐

2. Wie lautet die Abkürzung für die „Vereinten Nationen“?

a) UGO ☐

b) UNO ☐

c) VAE ☐

3. Welche Länder sind Nachbarn von Deutschland?

a) England, Italien und Spanien ☐

b) Russland, China und USA ☐

c) Frankreich, Dänemark und Polen ☐

4. Wie viele Menschen leben auf der Welt?

a) achttausend ☐

b) acht Millionen ☐

c) acht Milliarden ☐

Lösungen: Russland, China, Indien,
Flagge, Gold, Frieden
1. a), 2. b), 3. c), 4. c)

Wie heißt der höchste Berg der Welt?

Der höchste Berg der Welt ist der Mount Everest. Er ist 8848 Meter hoch und befindet sich zu einem Teil in Nepal und zum anderen Teil in Tibet.

Heute kann man geführte Touren auf den Mount Everest machen.

Die ersten Menschen, die den Berg bestiegen haben, waren der Neuseeländer Edmund Hillary und der Tibeter Tenzing Norgay. Das war im Jahr 1953.

Der italienische Bergsteiger Reinhold Messner ist 1978 sogar ohne künstlichen Sauerstoff bis ganz nach oben gekommen.

Wie hoch ist die Zugspitze?

Die Zugspitze ist der höchste Berg Deutschlands. Sie ist 2962 Meter hoch und gehört zu den Alpen. Die Alpen sind ein Gebirge, das von Frankreich über die Schweiz, Deutschland, Liechtenstein, Italien und Österreich bis nach Slowenien reicht.

Wieso gibt es Berge?

Im Inneren der Erde ist es so heiß, dass das Gestein schmilzt. Es wird zu einer glühenden Masse, so ähnlich wie die Lava bei einem Vulkanausbruch. Um diesen glühenden Kern herum gibt es eine Schale aus festem Gestein, die Erdkruste.

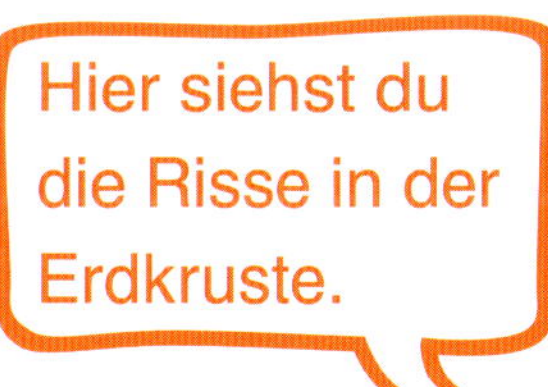

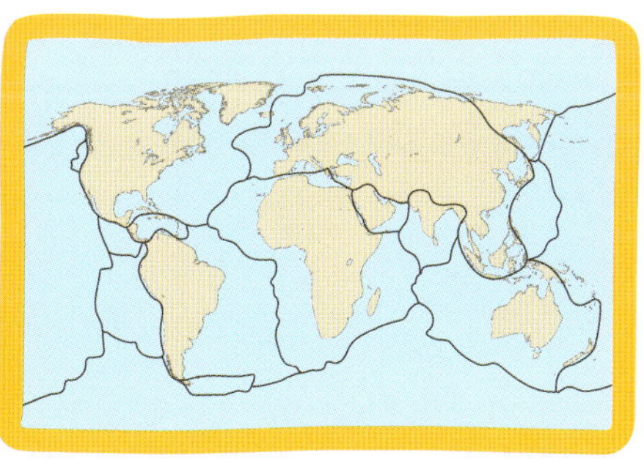

Diese Schale hat aber einige Risse. Sie besteht also aus mehreren Teilen, die auf der flüssigen heißen Masse schwimmen. Wenn zwei von diesen Teilen oder Platten zusammenstoßen, türmt sich das feste Gestein auf. So sind die Gebirge entstanden.

Wie kommt es zu Erdbeben?

Die einzelnen Platten der Erdkruste, die den flüssigen heißen Kern der Erde umgeben, siehst du ganz gut auf der Karte auf Seite 27. Du kannst dort erkennen, wo die Schnittstellen verlaufen.
Dort besteht die Gefahr von Erdbeben.

Erdbeben können ganze Häuser einstürzen lassen, wie in diesem Dorf in den Abruzzen (Italien) im Jahr 2017.

Die Platten stoßen nämlich immer wieder zusammen. Manchmal verhaken und verkanten sie sich dabei ein wenig. Dann kommt es an diesen Stellen zu einem Erdbeben. Auch die Vulkane, die heute noch ausbrechen können, liegen meist an den Rändern der Platten.

Kann es auch bei uns Erdbeben und Vulkanausbrüche geben?

Auch in Deutschland hat es früher Vulkanausbrüche gegeben. Der Kaiserstuhl in Baden ist zum Beispiel ein alter Vulkan. Die Landeskrone bei Görlitz und die Maare in der Eifel waren auch einmal Vulkane. Sie alle sind seit langer Zeit erloschen. Kleine Erdbeben dagegen gibt es auch heute noch manchmal in Deutschland. Dabei entsteht zum Glück nur wenig Schaden.

Bei den Maaren in der Eifel sind die ehemaligen Krater mit Wasser gefüllt.

Welcher Vulkan ist am größten?

Der größte aktive Vulkan der Welt ist der Mauna Loa. Er befindet sich auf Hawaii. Das ist eine Inselgruppe im Pazifischen Ozean.

Wie heißt der längste Fluss der Welt?

Der längste Fluss der Welt ist der Nil. Er fließt in Afrika und ist von der Quelle bis zur Mündung über 6500 Kilometer lang.

Der Nil fließt auch durch Kairo, die Hauptstadt Ägyptens.

Eigentlich ist der Amazonas viel größer. Er hat nämlich sehr viele Nebenflüsse. Der Amazonas befindet sich in Südamerika und breitet sich über ein Gebiet aus, das fast sechs Millionen Quadratkilometer groß ist.

Welches ist der längste Fluss Deutschlands?

Die Donau ist über 2800 Kilometer lang und fließt durch 10 Länder. Über 600 Kilometer davon liegen in Deutschland, 350 Kilometer in Österreich.

Der Rhein ist zwar nur 1230 Kilometer lang, aber 865 Kilometer davon fließen durch Deutschland.

Die restlichen Kilometer liegen in der Schweiz, in Liechtenstein, in Österreich, in Frankreich und in den Niederlanden. Der Rhein ist sehr wichtig für die Beförderung von Gütern. Auf ihm sind deshalb viele Frachtschiffe unterwegs.

Dieses Schiff auf dem Rhein befördert eine ganze Menge Container.

Was ist eine Quelle und was eine Mündung?

Die Quelle ist eine Stelle, an der Wasser aus dem Boden quillt. Bei manchen Quellen versickert das Wasser gleich wieder oder bildet nur einen kleinen Tümpel.

Wenn sehr viel Wasser aus dem Boden kommt, muss es irgendwohin. Es sucht sich einen Weg. So wird ein kleiner Bach daraus. Dieser Bach fließt mit anderen Bächen zusammen und wird zum Fluss. Jeder Fluss fließt irgendwann ins Meer. Die Mündung ist die Stelle, an der der Fluss ins Meer fließt.

Wissensquiz

Was fehlt hier? Setze die richtigen Wörter ein.

Der höchste Berg der Welt liegt in ______________

und in ________________. Er heißt Mount Everest.

Das größte Gebirge in Europa sind die ___________.

Dort steht auch der höchste Berg Deutschlands,

die ____________________.

Manche Berge spucken Feuer und Asche.

Sie heißen __________________.

In den Bergen liegt oft die Quelle von ____________.

Sie fließen von dort zu ihrer ____________ ins Meer.

Nepal | Alpen | Flüssen | Tibet

Zugspitze | Vulkane | Mündung

Teste dein Wissen! Kreuze das richtige Kästchen an.

1. Wohin fließt ein Fluss?

a) von der Qualle in den Mund ☐

b) von der Quelle zur Mündung ☐

c) von der Quatsche zur Matsche ☐

2. Wie heißt der höchste Berg in Deutschland?

a) Ziehspitze ☐

b) Bootspitze ☐

c) Zugspitze ☐

3. Wie hoch ist der Mount Everest?

a) 851 Meter ☐

b) 87 654 Meter ☐

c) 8848 Meter ☐

4. Welcher Fluss ist in Deutschland für die Schifffahrt besonders wichtig?

a) der Rhein ☐

b) der Mein ☐

c) der Dein ☐

Lösungen: Nepal, Tibet, Alpen, Zugspitze, Vulkane, Flüssen, Mündung
1. b), 2. c), 3. c), 4. a)

Wie sieht die Prärie aus?

Die Prärie ist eine Landschaft in Nordamerika. Sie ist entweder ganz flach oder etwas hügelig. Es gibt dort fast keine Bäume und nur wenige Sträucher. Dafür wächst überall hohes Gras. Früher lebten in der Prärie riesige Herden von Bisons.

Bisons in der Prärie von Kansas (USA)

Die Prärie gehört zu den Steppenlandschaften. In einer Steppe regnet es wenig. Deshalb können dort keine großen Pflanzen wachsen.

Ist auch die Savanne eine Steppe?

Die Savanne liegt in Afrika. Auch sie ist eine Graslandschaft. Doch hier wachsen neben Gras und Sträuchern auch ein paar höhere Bäume.

Savanne am Fuß des Berges Kilimandscharo in Tansania (Afrika)

In der Savanne gibt es im Sommer eine kurze Regenzeit. Der Regen versickert dann im Boden und wird dort für eine Weile gespeichert. Die Bäume können über ihre Wurzeln recht lang davon trinken. Diese Bäume sind für die Giraffen und Elefanten sehr wichtig. Sie fressen nämlich nicht nur Gras, sondern auch Blätter und junge Triebe von Bäumen.

Wie heißt die größte Wüste der Welt?

Die größte Wüste der Welt ist die Sahara in Afrika. Sie ist fast so groß wie ganz Europa. In Afrika wird die Sahara auch „bahr bila ma“ genannt. Das bedeutet „Meer ohne Wasser“. In einer Wüste regnet es fast gar nicht. Deshalb wachsen dort auch kaum Pflanzen.

Wie können Menschen in der Wüste leben?

Menschen können in der Wüste nur dort überleben, wo es Oasen gibt. Eine Oase ist ein Wasserloch. Rund um eine Oase können Pflanzen wachsen.

Nur rund um das Wasserloch ist Leben möglich.

Das Wasser stammt oft aus Bergen, die viele Hundert Kilometer entfernt liegen. Wenn es dort regnet, versickert das Wasser im Boden und fließt unterirdisch weiter, bis es in einer Mulde wieder an die Oberfläche kommt.

Gibt es in der Wüste immer Sand?

Manche Wüsten sind steinige Gebiete ohne Pflanzen. Andere sind von grobem Kies bedeckt. Es gibt also nicht überall Sand.

Die Sandwüsten sehen natürlich am schönsten aus. Hier spielt der Wind mit dem feinen Sand. Er bläst Muster hinein oder türmt ihn zu Bergen auf. Diese werden Dünen genannt.

Es gibt auch Salzwüsten. Sie entstehen, wenn ein See mit Salzwasser austrocknet.

Salzwüste in Bolivien (Südamerika)

Gibt es in Deutschland einen Urwald?

Urwald nennt man einen Wald, in dem die Menschen noch nie Bäume gefällt haben. Einen solchen Wald gibt es in Deutschland nicht mehr. Aber es gibt sehr alte und ziemlich wilde Wälder. Dazu zählen zum Beispiel der Bayerische Wald, der Nationalpark Hainich in Thüringen und der Wald auf der Insel Vilm bei Rügen.

Was ist ein Regenwald?

Ein Regenwald ist ein Waldgebiet, in dem es das ganze Jahr über sehr viel regnet. Die meisten Regenwälder liegen in den Tropen. Die Tropen sind die wärmste und feuchteste Gegend der Erde.

Feuchte Luft hast du sicher auch schon erlebt. Sie entsteht zum Beispiel in der Küche, wenn deine Eltern gerade kochen und es aus den Töpfen dampft.

Regenwald in Thailand

Viele Pflanzen lieben feuchte Luft. Sie wachsen im feuchtwarmen Klima so gut, dass ein dichter Dschungel entsteht. Auch viele verschiedene Tierarten leben im Regenwald, wie zum Beispiel Affen, Leoparden oder Papageien.

Warum ist es am Nordpol und am Südpol so kalt?

Das liegt daran, dass die Erde eine Kugel ist. In der Mitte treffen die Sonnenstrahlen direkt auf und hinterlassen ganz viel Wärme. Je weiter es Richtung Nordpol oder Südpol geht, desto schräger treffen die Sonnenstrahlen auf die Erde. Dabei verlieren sie einen Teil ihrer Wärme.

Zwei Pinguine am Südpol. Außer ein paar Forschern leben hier keine Menschen.

Am Nordpol ist es während unseres Winters komplett dunkel. Das heißt, es kommt überhaupt keine Wärme an. Das Gleiche gilt für den Südpol während unseres Sommers.

Auch das Eis an den Polkappen hält die Temperaturen niedrig. Seine weiße Farbe wirft einen Großteil des Sonnenlichts zurück.
Das ist so, wie wenn du im Sommer ein weißes T-Shirt trägst. Darin wird dir weniger warm als in einem schwarzen T-Shirt.

Wie würde es bei uns aussehen, wenn es keine Menschen gäbe?

Die meisten Gegenden von Deutschland wären dann mit Wäldern bewachsen. Aber es wären keine Regenwälder wie in den Tropen, sondern Laubwälder mit Eichen und Buchen. In manchen Gegenden gäbe es auch Mischwälder. Sie bestehen aus Laub- und Nadelbäumen.

Was ist der Unterschied zwischen Hoch- und Mittelgebirgen?

Hochgebirge sind höher als 1500 Meter. Ihre Gipfel befinden sich über der Baumgrenze. Das heißt, sie sind meist felsig, und es wächst dort nichts. Hochgebirge haben steile Felswände, die schwer zu besteigen sind.

Die Alpen sind in Deutschland das einzige Hochgebirge.

Mittelgebirge sind niedriger und viel weniger steil. Die Berge haben meistens keine Spitzen, sondern runde Kuppen. Fast immer gibt es ganz oben noch Wald oder zumindest niedrige Büsche und Gras.

Der Schwarzwald ist ein typisches Mittelgebirge.

Gibt es in Deutschland viele Mittelgebirge?

In Deutschland gibt es sehr viele Mittelgebirge. Weil die meisten davon mit Wald bedeckt sind, tragen viele von ihnen das Wort „Wald“ in ihrem Namen.

Es gibt zum Beispiel den Schwarzwald, den Bayerischen Wald, den Teutoburger Wald oder den Thüringer Wald. Andere große Mittelgebirge sind der Harz, die Rhön, das Fichtelgebirge, die Eifel oder die Schwäbische Alb.

Weißt du, welche verschiedenen Landschaften es in Deutschland gibt?

Die Karte zeigt dir, welche Bereiche von Deutschland flach, welche hügelig, welche etwas bergig und welche richtig gebirgig sind. Je dunkler das Grün, desto höher liegen die Gebiete. Ganz hohe Berge sind durch dunkles Grau gekennzeichnet.

Hochgebirge (dunkelgrau): die Alpen – ganz unten Laubwälder, Nadelwälder oder Mischwälder, weiter oben Zwergsträucher und Wiesen, ganz oben keine Pflanzen (felsige Gipfel).

Norddeutsches Tiefland (hellgrün):
flach, nur leicht hügelig, Heidelandschaften, Laubwälder, im Osten viele Seen.

Mittelgebirge (dunkelgrün):
Mischung aus niedrigen Bergen, Hügeln und Flüssen; Mischwälder und reine Nadelwälder.

Alpenvorland (mittelgrün):
flache Gebiete und Hügellandschaften.

Wissensquiz

Was fehlt hier? Setze die richtigen Wörter ein.

In der ________________ und in der ______________ regnet es nur wenig. Deshalb wächst dort vor allem ______________. In der __________________ regnet es fast gar nicht. Dort brauchen Menschen __________________ zum Überleben. Dafür regnet es im ____________________ besonders viel. In Deutschland gibt es zahlreiche ______________________. Ihre Gipfel sind meist mit Wald bedeckt.

Gras — Regenwald — Mittelgebirge

Oasen — Savanne — Steppe — Wüste

Teste dein Wissen! Kreuze das richtige Kästchen an.

1. Wo gibt es in der Wüste Wasser?

a) Orase ☐

b) Oase ☐

c) Onase ☐

2. Welches dieser Tiere ist am Südpol zu Hause?

a) Eistiger ☐

b) Elch ☐

c) Pinguin ☐

3. Welches dieser Wörter ist der Name von einem Mittelgebirge?

a) Hart ☐

b) Halt ☐

c) Harz ☐

4. Wo leben Affen und Papageien?

a) im Regenwald ☐

b) in der Schneewüste ☐

c) auf der Sonnenwiese ☐

Lösungen: Steppe, Savanne, Gras, Wüste, Oasen, Regenwald, Mittelgebirge
1. b), 2. c), 3. c), 4. a)

Wo lebten die ersten Menschen?

Die ersten Menschen lebten in Afrika. Von dort aus verteilten sie sich über die ganze Welt.

Wie viele verschiedene Sprachen gibt es auf der Welt?

Es gibt ungefähr 7000 verschiedene Sprachen auf der Welt. Wie kam es dazu?

Früher konnten die Menschen nicht so leicht zusammenkommen, denn es gab keine Züge, keine Autos und schon gar keine Flugzeuge. Sie lebten also weit verstreut in festen Gruppen.

Jede Gruppe hatte ihre eigenen Gewohnheiten und ihre eigene Sprache. Manche dieser Sprachen werden heute nur noch von ganz wenigen Menschen gesprochen.

Warum sehen die Menschen auf der Erde verschieden aus?

Menschengruppen, die über viele Generationen am gleichen Ort lebten, haben sich den dortigen Bedingungen angepasst. In Afrika ist es zum Beispiel besser, eine dunkle Haut zu haben. So ist man gut gegen die Sonne geschützt.

Da die ersten Menschen in Afrika lebten, hatten am Anfang alle Menschen eine dunkle Haut. Weil aber die Sonnenstrahlen in die dunkle Haut schlechter eindringen können, kann der Körper von Menschen mit dunkler Haut nicht so leicht Vitamin D bilden.

Deshalb war es im Norden, wo die Sonne seltener scheint, besser, eine helle Haut zu haben. Bei den Menschen, die dort siedelten, setzten sich auf Dauer diejenigen mit einer hellen Haut durch.

Heute ist das egal. Menschen mit dunkler Haut, die im Norden leben, können Vitamin D über Tabletten aufnehmen.

Wie können die Inuit am Nordpol überleben?

Als Inuit bezeichnet man verschiedene Volksgruppen, die im äußersten Norden leben, wo fast keine Pflanzen mehr wachsen.

Sie haben sich früher fast nur von Fisch und Fleisch ernährt. Dafür haben sie Robben und Rentiere gejagt. Damit sie trotzdem genug Vitamine bekamen, standen auch so ungewöhnliche Dinge wie rohes Walfett auf dem Speiseplan.

Heute gibt es in den Dörfern der Inuit auch vitaminreiche Lebensmittel zu kaufen. Sie werden meist aus anderen Gegenden der Welt angeliefert.

Was sind Nomaden?

Nomaden sind Menschen, die nicht an einem festen Ort leben. Sie haben meistens Viehherden, mit denen sie herumziehen. Wenn an einer Stelle das ganze

Gras abgefressen ist, geht es weiter. Ein bekanntes Beispiel sind die Tuareg in der Wüste Sahara in Afrika.

Lasttiere wie Kamele sind sehr wichtig für die Nomaden.

Heute ist in vielen Gegenden, durch die früher Nomaden gezogen sind, nicht mehr genug Platz. Deshalb sind einige der Nomaden sesshaft geworden. Außerdem ist das Nomadenleben recht beschwerlich.

Was sind indigene Völker?

Als indigene Völker bezeichnet man Menschen, die als Erste in eine Region eingewandert sind, in der vorher keine Menschen gelebt haben.

Manche dieser ursprünglichen Siedler bewahren bis heute ihre Jahrhunderte alte Lebensweise. Andere leben aber auch ein modernes Leben wie du und deine Eltern.

Gehen die Kinder überall auf der Welt zur Schule?

Leider gibt es Kinder, die nicht zur Schule gehen können. In vielen ärmeren Ländern gibt es zu wenige Schulen, oder der Schulweg ist zu weit. Manche Kinder müssen sogar arbeiten, weil ihre Familien sonst nicht genug Geld hätten.

Dieser Junge arbeitet in einer Näherei in Indien. Er hat keine Zeit, in die Schule zu gehen.

In anderen Gegenden herrscht Krieg, wodurch viele Schulen zerstört werden. Und es gibt auch Länder, in denen es nur den Jungen erlaubt wird, auf eine weiterführende Schule zu gehen.

Leider bekommen Kinder, die nicht zur Schule gehen, später meist keine gute Arbeit. So bleiben sie auch als Erwachsene arm.

Warum leben die Menschen nicht mehr wie früher?

Das Leben der meisten Menschen war früher sehr hart. Sie haben den ganzen Tag schwer gearbeitet, nur damit sie genug zu essen hatten und nicht frieren mussten. Fast alles, was sie brauchten, haben sie selbst gemacht.

Das galt nicht nur für die Menschen in Amerika, Asien oder Afrika, sondern auch für deine eigenen Vorfahren. Die meisten von ihnen waren Bauern. In einem Museumsdorf kannst du sehen, wie sie lebten.

Auch in den Fabriken hat sich vieles verändert. Früher wurden fast alle Arbeitsschritte mit der Hand gemacht. Heute übernehmen das häufig Maschinen, die über Computer gesteuert werden.

Wissensquiz

Was fehlt hier? Setze die richtigen Wörter und Zahlen ein.

Es gibt etwa ____________ verschiedene Sprachen auf der Welt.

Die meisten Menschen hatten früher ein sehr anstrengendes ____________________.

Bei uns waren viele von ihnen ________________.

Anderswo lebten sie als ________________.

Sie zogen mit ihren großen Viehherden umher.

Die __________ haben __________ gejagt, um in ihrer eisigen Heimat zu überleben.

7000 | Bauern | Nomaden | Schrift | Inuit | Leben | Robben

Teste dein Wissen! Kreuze das richtige Kästchen an.

1. Warum aßen die Inuit früher rohes Walfett?

a) als Mutprobe ☐

b) wegen der Vitamine ☐

c) weil es lecker schmeckt ☐

2. Welche Hautfarbe hatten früher alle?

a) hell ☐

b) kariert ☐

c) dunkel ☐

3. Warum haben Nomaden keine feste Wohnung?

a) Das wäre ihnen zu langweilig. ☐

b) Sie müssen immer wieder neues Gras für ihre Viehherden finden. ☐

c) Ihnen wurde die Wohnung weggenommen. ☐

4. Warum sollten am besten alle Kinder in die Schule gehen?

a) Damit die Eltern ihre Ruhe haben. ☐

b) Damit die Lehrer und Lehrerinnen Arbeit haben. ☐

c) Damit sie später eine gute Arbeit finden. ☐

Lösungen: 7000, Schrift, Leben, Bauern, Nomaden, Inuit, Robben
1. b), 2. c), 3. b), 4. c)

Warum gibt es Tag und Nacht?

Die Erde dreht sich die ganze Zeit um sich selbst. Das führt dazu, dass immer eine Seite zur Sonne zeigt und die andere nicht. Auf der Seite, die zur Sonne zeigt, ist Tag, auf der anderen ist Nacht.

Sonnenuntergang in den bayerischen Alpen

Es stimmt also nicht ganz, wenn man sagt: „Die Sonne geht am Abend unter." In Wirklichkeit dreht sich in diesem Moment der Teil der Erde, auf dem du gerade bist, von der Sonne weg.

Warum verändert sich der Mond?

Sicher hast du nachts schon häufiger den Mond angeschaut. An manchen Tagen ist er groß und rund. An anderen Tagen besteht er nur aus einer schmalen Sichel. Und an wieder anderen ist er gar nicht zu sehen.

In Wirklichkeit verändert sich der Mond selbst nicht. Er ist immer eine Kugel, die im Weltall schwebt und um die Erde kreist.

Das Geheimnis hinter den Veränderungen des Mondes ist Folgendes: Der Mond wird von der Sonne angestrahlt, allerdings immer nur zur Hälfte, weil er eine Kugel ist. Es gibt also auch auf dem Mond Tag und Nacht.

Vollmond, der sich im Wasser spiegelt

Wenn auf der Seite des Mondes, die zur Erde zeigt, überall Tag ist, sieht der Mond für uns rund aus. Wir nennen das Vollmond.

Wenn auf der Seite, die zur Erde zeigt, halb Tag und halb Nacht ist, sehen wir nur einen Halbkreis, den Halbmond. Wenn auf der Seite, die uns zugewandt ist, komplett Nacht ist, sehen wir den Mond gar nicht. Das heißt Neumond.

Wie entstehen die Jahreszeiten?

Die Erde dreht sich nicht nur um sich selbst, sondern auch um die Sonne. Aber sie steht dabei nicht gerade, sondern etwas schräg. Du siehst das auf dem Bild an dem Stab, der durch die Erde geht.

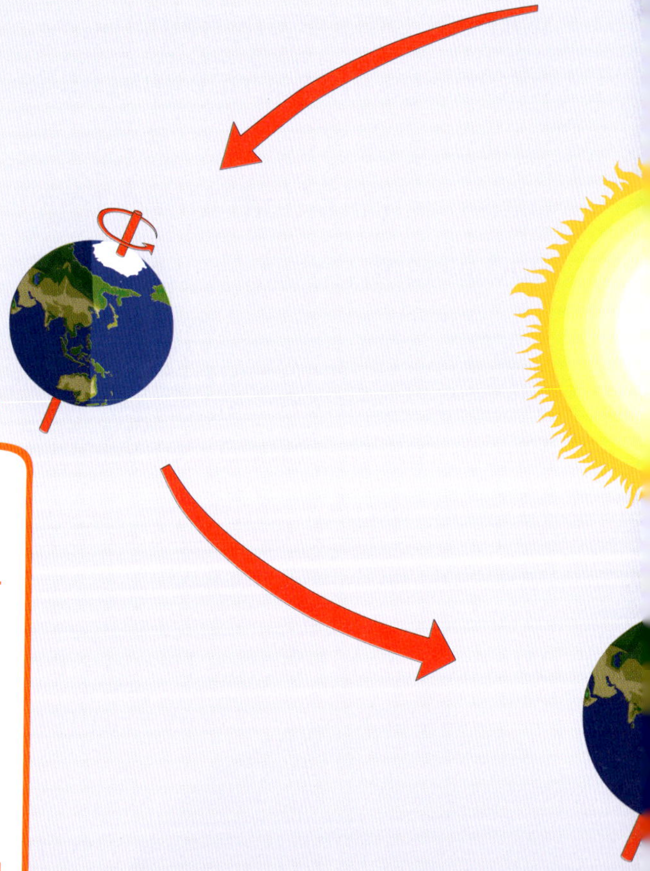

In unserem Sommer treffen die Sonnenstrahlen auf der Nordhalbkugel steiler auf als auf der Südhalbkugel. Deshalb ist es zu dieser Zeit bei uns warm und die Tage sind lang. Gleichzeitig ist auf der Südhalbkugel Winter.

In unserem Winter treffen die Sonnenstrahlen auf der Südhalbkugel steiler auf. Deshalb ist dort nun Sommer mit warmen Temperaturen und langen Tagen. Auf der Nordhalbkugel ist es kalt und die Tage sind kurz.

Im Herbst und im Frühling gibt es eine Zeit, die Tagundnachtgleiche heißt. An diesen beiden Tagen dauern Tag und Nacht genau gleich lang.

Warum kann man auf dem Mond nicht leben?

Manchmal werden Späße über den „Mann im Mond" gemacht. Aber in Wirklichkeit kann niemand auf dem Mond leben. Astronauten, die auf den Mond fliegen, brauchen dicke Schutzanzüge.

Zwei Astronauten auf dem Mond

Erstens können Menschen auf dem Mond nicht atmen, weil er keine Lufthülle hat. Zweitens wird es am Tag über 100 Grad Celsius heiß, und in der Nacht sinkt das Thermometer unter minus 100 Grad Celsius. Drittens wachsen auf dem Mond keine Pflanzen, deren Früchte man essen könnte. Und viertens gibt es dort zu wenig Schwerkraft. Deshalb kann man dort sehr schlecht laufen, und alle leichten Gegenstände fliegen davon.

Was bedeutet Verdunstung?

Bei der Verdunstung saugt die Luft Wasser auf. Das Wasser befindet sich dann ganz fein verteilt in der Luft. Du kannst es nicht sehen, aber die Luft fühlt sich ein bisschen feucht an. Je wärmer es ist, desto besser klappt die Verdunstung.

Verdunstung lässt zum Beispiel Kleidung trocknen. Auch aus Pfützen, Seen, Bächen, Flüssen und dem Meer verdunstet stets etwas Wasser.

Woraus bestehen Wolken?

Wolken bestehen aus feinen Wassertropfen und Eiskörnchen. Sie bilden sich, wenn viel Feuchtigkeit in der Luft ist. Und feucht wird die Luft dann, wenn viel Wasser von der Erde verdunstet.

Wolken können bedrohlich wirken, besonders vor einem Gewitter.

Damit Wolken entstehen, muss die Luft außerdem abkühlen. Das passiert zum Beispiel durch kalten Wind. Die Luft kühlt aber auch ab, wenn sie nach oben steigt, denn in großer Höhe ist es sehr kalt.

Wann regnet es?

Regen entsteht, wenn Wolken zu schwer werden und das Wasser nicht mehr halten können. Die feinen Wassertropfen verbinden sich zu größeren Tropfen und fallen zu Boden.

Wie entsteht ein Regenbogen?

Ein Regenbogen erscheint immer dann, wenn es gleichzeitig regnet und die Sonne scheint. Um ihn zu sehen, musst du auf die dunkle Wolkenwand am Himmel schauen. Die Sonne ist dann in deinem Rücken.

Das Licht der Sonne erscheint normalerweise hell und weiß. In Wirklichkeit ist es aber aus verschiedenen Farben zusammengesetzt. Du

kannst diese Farben mit einem Prisma sichtbar machen. Das ist ein dickes Dreieck aus Glas. Wenn du es ins Licht hältst, strahlt es buntes Licht in den Farben des Regenbogens ab. Eine Wand aus Regentropfen wirkt genauso wie ein Prisma, wenn Sonnenlicht darauf fällt.

Was ist Luft?

Luft kannst du nicht sehen. Du kannst sie auch nicht schmecken, riechen oder hören. Normalerweise fühlst du sie auch nicht. Trotzdem ist Luft nicht Nichts. Sie besteht aus winzig kleinen Teilchen.

Dazu zählen zum Beispiel die Sauerstoffteilchen, die Menschen und Tiere zum Atmen brauchen. Nur weil die Erde eine Hülle aus Luftteilchen hat, können Menschen, Tiere und Pflanzen auf ihr leben. Bei Wind geraten die Luftteilchen in Bewegung. Dann kannst du die Luft spüren.

Wind ist bewegte Luft. Mit seiner Kraft lässt sich Energie erzeugen.

Wissensquiz

Was fehlt hier? Setze die richtigen Wörter ein.

Die Erde ____________ sich um sich selbst.

Dadurch entstehen ____________ und

_______________. Außerdem dreht sie sich

um die _____________. Dadurch entstehen die

________________________.

Der _____________ dreht sich um die Erde. Bei

_____________ ist er besonders gut zu sehen.

dreht | Mond | Jahreszeiten

Tag | Sonne | Vollmond | Nacht